Mes murmures font le mur II

Anne-Cé Lebert

Anne-Cé Lebert

Mes murmures font le mur II

Les murmures numérotés apparaissent,
au sein de leurs textes originels, réunis dans le recueil
A l'écoute de mon cœur.

Les pages blanches sont des espaces libres et privilégiés,
des invitations à quelques secondes aussi courtes que longues,
à des respirations, des instants suspendus pour, peut-être
accueillir, en conscience, des émotions, des souvenirs.

En application de la loi du 11 mars 1957, il est interdit
de reproduire, traduire ou adapter intégralement ou partiellement
le présent ouvrage, sur quelque support que ce soit,
sans l'autorisation de l'auteur ou de ses ayants droit.

© 2024 Anne-Cécile Lebert
Illustrations, couverture, design Anne-Cécile Lebert

Édition : BoD · Books on Demand,
31 avenue Saint-Rémy, 57600 Forbach, bod@bod.fr

ISBN : 978-2-3226-1376-2
Dépôt légal 1re publication : mai 2024
Dépôt légal nouvelle publication : mai 2025

Je vous propose un peu de ce que j'ai vécu,
peut-être comme vous,
en confidences,
en silence,
dans l'ombre ou la honte.

Plutôt que le confier au vent qui est déjà au courant,
ou même le crier sur les toits et effrayer leurs habitants,
je préfère le murmurer et l'esquisser
sur ces feuilles de papier
et les partager avec vous.
Dans nos cœurs désormais reliés
comme les pages de ce cahier,
recueil d'histoires, de pensées dévoilées,
peut-être vous retrouverez-vous.
De nos épreuves et de nos espoirs,
aussi différents que communs,
nos chemins si singuliers deviennent partagés.

Nous sommes lié^{e}s.

Anne-Cé Lebert

n° 1

A porter de nouveau
mon nom de naissance,
c'est comme si, mon père
m'avait accueillie
au creux de ses bras, après
une l o n g u e absence.

Lebert.
Tel est mon nom.
Celui de mon père.

Je suis une enfant au corps de femme.
Je suis une femme au cœur d'enfant.

Parce qu'ils ont été
ces parents-là,
j'ai été
cette enfant-là.

Je ne veux pas mourir.
Ni dans ses bras.
Ni nulle part.

Je **danse** mes silences.
Ils protègent mes secrets,
mes prières.

n°2

Si complexée,
Si
pas accompagnée,

livrée à elle-même,
devant tant de questionnements,
sans jamais oser les soumettre,
les partager.

S'est rasé

le visage.

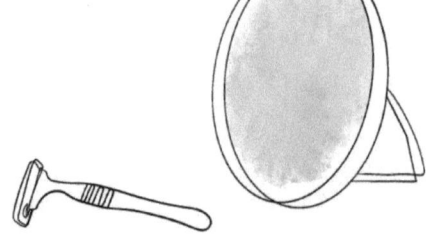

Mes murmures font le mur II

A coller à la vie des autres,
j'en ai oublié de créer la mienne.

J'écoute mes silences.

Ils sont aussi précieux que les battements de mon cœur.

La vie nous apprend à déceler
les cadeaux que le présent nous fait.

Les reconnaître,
les accepter
et les recevoir,

telle est notre richesse.

n°3

Je me sens comme la Belle au bois dormant,
sans le Prince charmant.

Endormie le temps d'une éternité.

n°4

Il est tentant de plier bagage.
Reprendre sa liberté,
Juste pour vérifier
Si son goût demeure inchangé.

Le beau temps vient après l'orage.
Il est tentant de plier bagage.

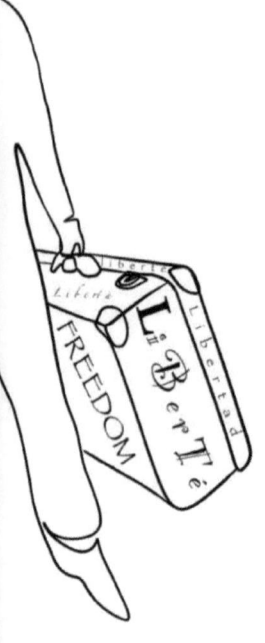

Chaque jour,
alors que, seule, la mort m'était envisageable,
une force, une voix,
sans savoir pour quoi,
me répétait, inlassable,

de tenir.

n°5

Le temps
calme,
adoucit, apprivoise et répare la plupart des tempêtes,
aussi petites,
aussi impressionnantes,
aussi immensément dévastatrices soient-elles.

L e n t e m e n t, le temps calme les tempêtes.

n°6

J'ai avancé,
camouflée, déguisée, singée,
dans l'espoir de me faire oublier,
de me faire accepter
et peut-être même,
d'elle,
me faire aimer.

Peines et identités perdues.

Si mon cœur peut en parler pendant des heures,
ce n'est pas tant d'elle, mais du manque d'elle.

Mes murmures font le mur II

Allongée, immobile, sous la fenêtre, vue sur jardin. Souvenir flou de roses trémières, dont le parfum embaumait mon corps à l'agonie, figé des heures durant. Mon cœur en miettes, suspendu aux chants des oiseaux qui ne chantaient que pour mon âme échouée, lui, semblait ne pas vouloir mourir. Allongée, immobile, sous la fenêtre, vue sur jardin. Souvenir flou, douloureux et fragile de ce parfum troublant et persistant.

Océan de larmes
purifie mon corps,
soulage mon âme.

Jusqu'à ce jour, à chaque mort, la vie a continué pour moi.
Le jour de ma mort, la vie cessera, seulement pour moi.

Le **Présent** en est un.
C'est même, le plus précieux.

Lâche tes armes.
Tes coups bas parlent de toi, de ton passé.
Prends-en soin, choisis de t'y pencher.

Ainsi, avec ton cœur, fais la paix,
pour la partager et la propager.

Je m'inspire de cette terre qui en a tant besoin.

Au fil des années, j'ai gagné la liberté
de ne plus m'entendre dire qui je ne suis pas.
J'ai ainsi gagné la liberté
de créer mon chemin, pas à pas.

Libre de m'affranchir et enfin suivre mon propre

la.

n°7

Par don

J'ai décliné l'invitation.
Je ne t'ai pas donné la chance de prendre corps dans le mien.
Je ne me suis pas donné cette opportunité de t'accueillir en mon sein.
Il en a été ainsi.

Par don

Derrière la porte,
Les derniers espoirs.

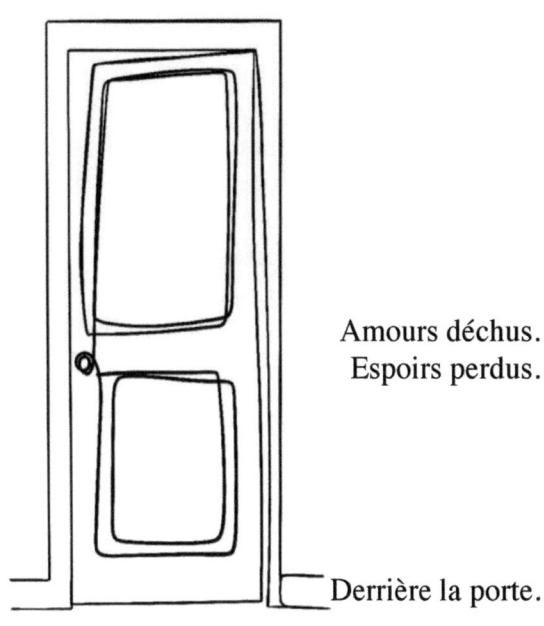

Amours déchus.
Espoirs perdus.

Derrière la porte.

n°8

Nous étions fous d'amour, de rêves, de rires.
Désormais, tout est flou.
Nous ne parvenons plus à jouir
de ce qui nous est offert de vivre.
Nous nous accrochons à nos souvenirs.
C'est bien ce que nous pouvons faire de pire.

n°9

J'attends,
Comme clouée au sol.

Je vois passer le temps,
Les enfants,
Les histoires,
Les espoirs
Oubliés, balayés.

Les souvenirs s'envolent.

Clouée au sol.

J'étais devenue si étrangère à moi-même,
que mon corps s'en est insurgé
et a déclaré la guerre contre lui-même.

Je suis aussi née d'elle.

Par un grand coup de baguette magique,
elle s'est volatilisée, telle une hirondelle.

Disparition tragique.

n°10

Enveloppe de chair,
En une seconde, devenue inanimée.
Dernier souffle rendu,
Dernier instant suspendu,
Supplié de durer une éternité.
Ma main devait quitter les siennes,
Mains aux doigts désormais entremêlés à tout jamais.

Les plus tristes épreuves de ma vie ?

La perte de ma première enfance.
Celle qui m'a été volée.
Celle qui a été ensevelie.
Et la perte de mes enfants aussi.
Ceux qu'il ne m'a pas été offert de garder.
Ceux que je n'ai pas accueillis.

Quand et où a-t-elle perdu puis oublié
sa capacité d'amour ?

Comment quitter ceux qui nous manquent ?

n°11

Lorsque ma dernière heure aura sonné,
Mes derniers instants, tant redoutés,
Lorsque le temps sera venu de le rendre,
Je voudrais être à la hauteur de cet événement
Aussi important qu'insignifiant.

Je voudrais être à la hauteur de mes attentes.

n°12

Là,
allongée dans mon lit,
tout contre la fenêtre,
seuls mes yeux supplient
le ciel,
à la recherche d'un signe,
celui qui me retiendra à la vie.

J'ai choisi de tourner le dos à ceux qui m'ont fait
souffrir
et ainsi au monde, donner l'opportunité d'un
sourire.

Et peut-être même plus.

La plus grande leçon de ma vie ?

Je ne la dois à personne d'autre qu'à moi-même sur cette terre.

Je me dois la vie.

Mes murmures font le mur II

Seule, je l'ai toujours été.

n° 14

La maladie, déclarée,
le temps qu'il m'a été donné de l'expérimenter
est apparu suspendu -

suspendu à un fil d'une épaisseur infime,
un fil de soi ₑ à l'image de mon estime.

Mon temps à moi, est ainsi devenu étiré,
ralenti – ô combien compté.

n°15

Rideau !
Changement de programme.
Changement d'histoire, de décors,
de personnages.
Je ne suis plus ta principale.
Tu n'es plus mon essentiel.
Le spectacle est terminé.
Circulez !

Pourquoi ne pas déposer les armes, se donner la chance
de ne plus céder à l'avalanche
de violences,
de souffrances ?
Pourquoi ne pas s'offrir la chance
de faire l'expérience
du respect,
de la paix
et de la bienfaisance ?

Pourquoi ?

n° 16

La poésie est ma grande amie,
à qui je confie
en toute confiance
mon défilé de vie.

Je sautille,
Je chante,
Ris aux éclats.
Fais du bruit.
Mes couettes volent,
Virevoltent.

Finalement, personne ne les a coupées.

Personne n'a coupé
mes ailes.

Parce qu'ils m'ont dit que je l'étais,
je le suis devenue.

J'accepte les excuses que je n'ai jamais reçues.

Je les accepte.

L'épreuve la plus difficile de ma vie ?

Accepter le manque infini et définitif de ma maman.

La maladie m'a tout dit, tout expliqué,
A levé le voile sur mon passé.

Il était temps de ne plus en prendre davantage.
Il était temps de sauver ma peau, prendre le large.

Souviens-toi la dernière fois.
Rappelle-toi,

Le regard de ton père,
Le sourire de ta mère.

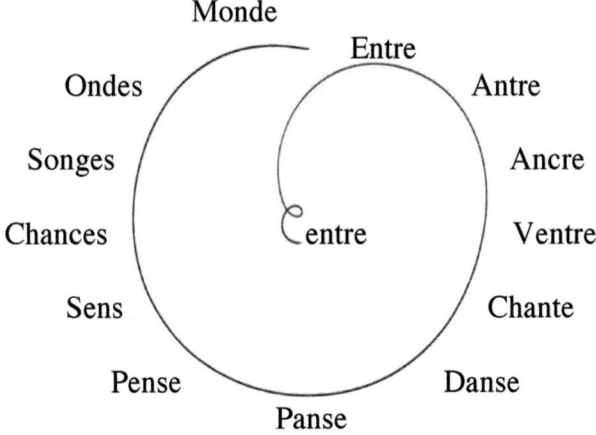

Amour
maternel,
conditionnel,
devenu
rare
puis,
exceptionnel.

Révélé
absent
puis,
inexistant.

Un beau et si triste souvenir,   évanoui.

Mon sourire masque les souvenirs d'avoir été

oubliée.

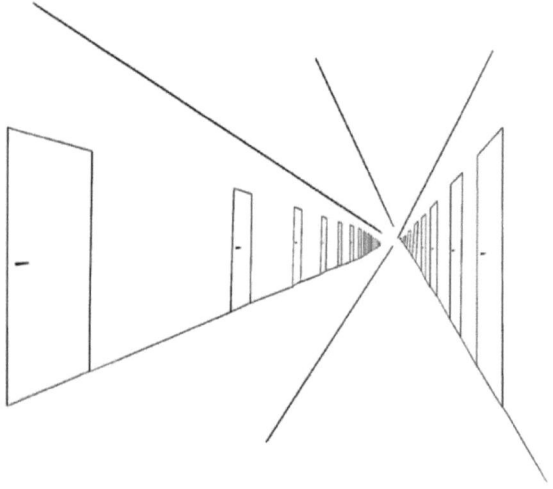

Que dois-je encore vivre pour espérer être enfin
acceptée ?

n° 17

Je voulais voir la mer.
Je voulais voir sous ce ciel nuit bleu,
les éclats projetés vers les étoiles aveuglées.
Je voulais voir ces étincelles de mes propres yeux
et ainsi honorer celles
qui avaient été éteintes, dans mes yeux d'enfant ;

enfant que je n'étais plus.

Chaque jour vécu est un combat gagné,
une bataille remportée.
Une **victoire**.

En silence, en secret.

J'accepte et apprivoise l'idée
de l'oubli de ma vie,
autant qu'aujourd'hui,
j'apprends à en faire ma priorité.

Tomber malade c'est avoir l'opportunité
de nous relever et de révéler
qui nous n'avons pas encore été.

Danser le chemin.

Les pas, les uns après les autres,
honorent les maux,
scandent leur tempo.

Les danser, les chanter.
Murmurer, aimer.

Vibrer la vie.

En secret,
les garçons avaient sa préférence.
Il en a gardé tous les silences.

Trahison, tristesse, obstacle
deviennent
raison, sagesse, miracle.

Je suis, nous sommes, magicien-nes de nos vies.

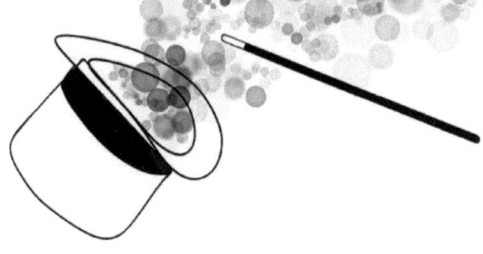

n°18

Je n'ai plus cette légèreté de vouloir mourir.

Mes murmures font le mur II

n°19

Je suis maman,
à chaque soleil, à chaque lune,
dans le ventre, les tripes, le sang,
les eaux et les illusions perdues,
dans l'oubli de celle que je ne suis plus.

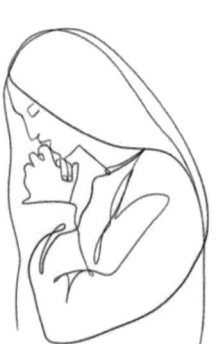

Penser à panser le passé pour ne pas blesser,
ne pas étouffer le présent,
et ne pas condamner ses lendemains.

Ne prononce pas ce mot, de la même façon,
celui-elle qui l'a vécu dans sa chair.

Inspirer en conscience,
Et le monde extérieur devient intérieur.

Expirer en conscience,
Et le monde s'offre en retour.

Etre le **tout**.
Rien de moins.

Mon existence est difficile, chaotique,
riche, magique.
Ma vie est jolie, fleurie de plein cœur,
emplie de peurs, de pleurs,
comblée de tant d'espoirs, de tant de victoires.

Certains se démènent pour gagner leur vie.

Moi, je m'évertue à la garder.

Il y a quelques années,
mon corps a sorti la carte de la maladie auto-immune.
J'ai accepté les nouvelles règles du jeu et débuté la partie.

Depuis, mon corps a présenté la carte de l'auto-immunité.
J'ai accepté la nouvelle donne et poursuivi la partie.

Ainsi, nous pouvons jouer et gai-rire, ensemble.

n°20

Mon visage est à l'image de ma vie :

décalé !

A m'honorer, j'honore mes anciens.
Je les porte en moi, prends soin des liens,
garde la pulsation, tiens bien le témoin,
pour un jour, à mon tour, le passer.
Je reste dans l'action, le temps qu'il m'est donné,
sans en connaître l'échéance.

Chaque jour, je vis et reconnais ma chance.

n°21

Les mots dansent sur mes cordes et déchirent le silence.
Leur fracas brise le mutisme.
Ainsi, la corde ne menace plus de me pendre.

La vie m'a été offerte.
J'ai choisi par le passé, d'accepter et de garder ce présent.
Aujourd'hui, je ne veux pas le rendre.
Un jour, peut-être.
Mais pas maintenant.

Autant l'idée d'être un jour, oubliée,
me semble aussi envisageable qu'inéluctable,
autant aujourd'hui, et les jours suivants,
je fais le serment de ne plus m'oublier moi-même.

Amen !

n°22

Je veux souffler mes bougies !
Une bougie, une année.
Telles un bouquet, toutes les souffler.
Une bougie, une année.
En sourire et remercier.

Je veux souffler toutes mes bougies.
Souffler comme un merci.
Merci la vie.
Merci ma vie.

Merci !

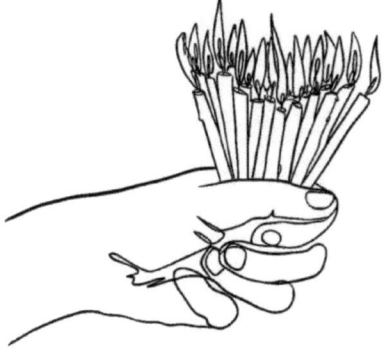

J'y suis. J'y reste.
Je ne me rendrai pas.

Laisse s'écraser les bassesses derrière moi.
Ceux qui les crachent sont à leur place,
A jamais repoussés **derrière** moi.

Les plus grands bonheurs sont ceux que l'on se crée,
en se-crét.

Une part de moi ne peut s'empêcher de choisir toujours
la vie.
Une force en moi, me garde
en vie.

Je
poursuis
mon
chemin,
cueille,
respire,
inspire,
expire,

inspire ce monde dont le cœur a tant besoin.

Energie de vie
        vie de créations
                créations d'art
                        de joie
                        de bonheur

Energie de bonheurs.

Tout l'amour dont j'ai manqué, je l'ai donné.
Et continue de le créer.

Mes murmures font le mur II

Le matin, face au miroir,
Je cherche mon regard,
Observe mon reflet.

Le soir, face au miroir,
Je trouve mes marques,
Celles de mon histoire.

Et moi, je dis que nous sommes toutes,
créatrices de vies.

L'épreuve du temps,
Les preuves de son passage,
Son œuvre,
La maîtrise de l'ouvrage,
Prépare les séparations, les départs,
Le vide, l'espace.

Le dénuement
M'enseigne combien la valeur est dans le moins,

Et me libère des poids, des contraintes.

n°23

La mer m'enveloppe.

Elle m'accueille, me reconnait.
Chacune de mes cellules, chaque millimètre carré
de ma peau, se relie à chaque cellule de l'eau.

Un ^{i}es.

Unes.

Je pleure de tout mon cœur.
Le visage, en sueur, collé à la vitre, désormais
embuée de la porte-fenêtre de la cuisine.
Elle ne se retourne pas.
Sa silhouette s'éloigne.
Ses grands pas ne témoignent d'aucune hésitation.
Je crie et pleure les séparations
imposées comme un couperet.

Je sais à peine marcher.

n°24

Des fleurs
    sous le ciel.
  Et sous-terre,
  les vers
grignotent,
  rongent,
se nourrissent.
  La vie
pousse et grouille
à travers ma dépouille.

Désormais immobile,
    je suis utile !

Je n'existe plus pour le monde au-dessus.
  Je fais partie de la Nature
et participe à son cycle, à son futur.

n°25

En mes cœur et corps,
encrés, imprimés,
ancrés, emprisonnés,
certains maux
ne seront peut-être jamais libérés.
Au bord de mes lèvres,
certains mots
ne seront peut-être jamais livrés.

Mes murmures font le mur II

n°10

Aux derniers instants de sa vie et de la mienne avec lui,
Sans mot dire, ses yeux fermés, les miens aussi,
J'ai posé ma main sur les siennes,
Me suis blottie contre lui.

Dernier souffle rendu,
Dernier instant suspendu,
supplié de durer une éternité,

Ma main devait quitter les siennes.

Marcher, sans main tenue,
poursuivre et grandir, sans lui pour témoin.
Témoin du chemin parcouru,
tant bien que mal,
sous les pleurs innombrables,
parfois rugissants,
parfois étouffants,
autant exultés que retenus.
Poursuivre le chemin,
sans main tendue.

La fin du confinement est déclarée.
La maladie aussi.

Plus de temps à perdre.
C'est maintenant ou plus jamais.

Un premier cahier.
Une première page.
Ai commencé à écrire.

Cette fois,
je la sais ultime,
j'ai choisi la vie.

Ma dernière.

Comme ces artistes qui gribouillaient
sur des sets et serviettes en papier
en échange d'un bon dîner,
je griffonne sur papier
en échange de ma santé.

J'avais seulement besoin qu'il-elle me regardent.
J'avais seulement besoin qu'il-elle m'écoutent.
J'avais seulement besoin qu'il-elle m'éduquent
à la féminité qui, en moi, se manifestait.

J'avais seulement besoin qu'il-elle me reconnaissent.
J'avais seulement besoin qu'il-elle m'acceptent.
J'avais seulement besoin qu'il-elle respectent
celle qui luttait tant pour exister.

Ma vie,
autant que sa mémoire,
n'appartiennent
à personne
d'autre qu'à moi.

D'où vient l'air que j'inspire ?
Où va l'air que j'expire ?

J'**intègre** la vie, la Nature,
la Terre et ses mystères.

Alors que je respire,
se répondent
le plein et le vide.

Dialogue que je souhaite à l'infini !

Mon corps est imprégné de ce chagrin décuplé.
Mes aînés, mes petits, non incarnés,
sont dans mon esprit, dans mon cœur.
Mon corps n'a rien oublié.

n°26

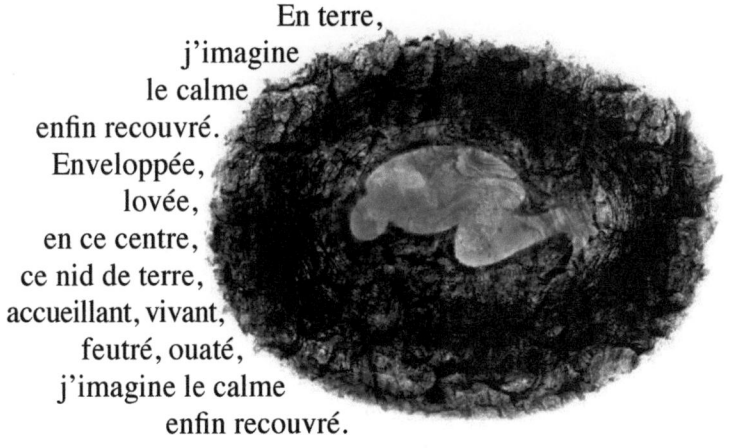

En terre,
j'imagine
le calme
enfin recouvré.
Enveloppée,
lovée,
en ce centre,
ce nid de terre,
accueillant, vivant,
feutré, ouaté,
j'imagine le calme
enfin recouvré.

Dans mon nid de terre, lovée.

Il faisait jour.
Il faisait sombre.
L'atmosphère humide.
Sur moi cette ombre.
Mon monde s'effondre.

Enfance ensevelie sous les décombres.

Mes murmures font le mur II

n°27

J'apprends
chaque
jour
à
accepter
l'idée
d'être
oubliée.

Mes murmures font le mur II

Murmures échappés du recueil
A l'écoute de mon cœur

n°1 Le nom de mon père 7
n°2 Le rasoir de son père 12
n°3 Belle au bois dormant 17
n°4 Plier bagage 18
n°5 L'ongle 20
n°6 Peines perdues 21
n°7 Par don 31
n°8 Que reste-t-il ? 34
n°9 Clouée 35
n°10 Nos mains 38, 102
n°11 Le temps venu 42
n°12 Qui ? 43
n°13 Champ de batailles 46
n°14 La maladie m'a sauvé la vie 49
n°15 Rideau ! 50
n°16 A tout prix 52
n°17 Etincelles 63
n°18 Cadeau d'une vie 70
n°19 Je suis maman 72
n°20 Miroir ! Miroir ! 79
n°21 Mes accords 81
n°22 Merci ! 85
n°23 Unes 97
n°24 Sous le ciel et sous-terre 99
n°25 Au bord des lèvres 100
n°26 Lovée 111
n°27 Oubliée 114

De l'autrice

A l'encre de mon cœur
Mes murmures font le mur I
A l'écoute de mon cœur

Dépôt légal 1re publication : mai 2024
Dépôt légal nouvelle publication : mai 2025

Impression : Libri Plureos GmbH, Friedensallee 273,
22763 Hamburg (Allemagne)

annecelebert@gmail
Instagram : annecelebert